EUGÈNE MONNIER

UN SOUVENIR

A AGAR

PROJET DE MONUMENT A ÉLEVER DANS SA VILLE NATALE

Saint-Claude (Jura)

SAINT-CLAUDE
A VOLTAIRE ET CHRISTIN
PLACE DU TRUCHET

M DCCC LXXXXI

UN SOUVENIR

A AGAR

EUGÈNE MONNIER

UN SOUVENIR

A AGAR

PROJET DE MONUMENT A ÉLEVER DANS SA VILLE NATALE

Saint-Claude (Jura)

SAINT-CLAUDE

A VOLTAIRE ET CHRISTIN

PLACE DU TRUCHET

M DCCC LXXXXI

A

Monsieur JULES CLARETIE

Membre de l'Académie Française.

Administrateur général de la COMÉDIE-FRANÇAISE

Eugène MONNIER.

***

UN SOUVENIR

A AGAR

Nous n'avons plus de tragédienne!

Ainsi se terminait l'article nécrologique que publiait le *Journal Illustré*, dans son numéro du dimanche 30 août 1891, annonçant le décès de Florence-Léonide CHARVIN, née à Saint-Claude (Jura), le 18 septembre 1836.

Nous n'avons plus de tragédienne! mais nous avons encore son souvenir qu'il est de notre devoir de conserver et comme républicain et comme artiste.

Descendant, comme Agar, des anciens serfs de Saint-Claude (1), j'ai pensé que je devais contribuer à lui élever un monument qui consacre sa mémoire, comme j'ai contribué, en qualité d'architecte, à élever un monument à Voltaire et Christin, à qui les anciens serfs de Saint-Claude devaient leur affranchissement.

J'ai cherché à composer ce monument, ce souvenir, aussi simplement que possible. Il devrait, selon mon projet, se composer d'un buste en marbre blanc reproduisant les traits de notre tragédienne, buste plus grand que nature, en proportions dites héroïques, comme il convient à un monument. Ce buste placé sur un piédouche reposant lui-même sur un piedestal composé, dont les moulures successives permettraient à la Tragédie, représentée par une statue en bronze, de se hisser derrière le buste de notre héroïne, de façon à le couronner sans le cacher aux regards des spectateurs. Le piédestal, décoré d'une guirlande de fleurs en bronze, serait exécuté en pierre teintée provenant des carrières du pays, de façon à servir de transition entre la teinte du bronze de la figure de la Tragédie et celle du marbre blanc du buste. Des griffes en bronze protégeraient les angles du monument qui s'élèverait au-dessus d'une plate-forme de trois marches de hauteur venant s'amortir à droite et à gauche sur une sorte

---

1. Les registres de la mairie du village de Jeure, près Saint-Claude, constatent que tous mes ascendants, depuis mon grand-père Jean, jusqu'en 1647, sont nés dans ce village, savoir : Jean, en 1772 ; Claude, en 1736 ; Aimé, en 1707 ; François, en 1669 ; Claude, en 1647, issu de Jacques, né en 1626 de Michel, qui avait obtenu ses lettres de bourgeoisie à Saint-Claude en 1599.

de plate-forme pouvant former une espèce de banc où les passants fatigués pourraient trouver un repos justifié. C'est ainsi que, même après sa mort, Agar rendrait encore service à ses concitoyens.

Cette dernière partie du monument répondrait certainement au caractère d'Agar et on aurait très sûrement son assentiment si on pouvait consulter *cette artiste vaillante, cette femme au cœur d'or qui, pendant le siège de Paris*, ainsi que le rapporte le journal cité plus haut, *se multipliait dans les représentations données sous une multitude de prétextes et consacrait le reste de son temps aux blessés*.

Emportée par son zèle charitable, elle aurait eu le tort, affirme-t-on, de paraître dans un concert donné pendant la Commune au bénéfice des blessés fédérés. Cet acte d'imprudent dévouement, rappelé plus tard, lui aurait valu une opposition assez accentuée, lorsqu'elle voulut, en 1872, rentrer au Théâtre-Français, pour qu'elle dût s'éloigner de ce théâtre où elle rentra en 1878 pour assurer le succès des Fourchambault *d'Émile Augier, etc.*

S'il faut encore redire les autres mérites que possédait Agar, je répéterai avec le *Petit Parisien* (1) qu'*elle avait une voix profonde et essentiellement tragique. Elle excellait surtout à rendre les emportements et les explosions de la passion. Elle avait le regard plein d'expression, le teint mat, les traits réguliers et fortement accentués, la taille bien prise, le maintien sculptural, la beauté majestueuse, enfin un ensemble étrange qui commandait l'admiration.*

---

1. Numéro du dimanche 30 avril 1891.

La *Petite Revue* dit de son côté, le 29 août 1891 :

Belle de stature et de visage, Agar avait une ampleur de gestes et une voix merveilleuses, et à la voir jouer les héroïnes du théâtre classique, on avait comme une impression de l'incarnation de la Tragédie.

Terminons cette courte notice par une anecdote rapportée par la *Revue* dont nous venons de parler :

C'était dans une petite ville du centre de la France, un jour de Comice agricole : la ville était pleine de paysans venus des environs, et l'on annonçait pour le soir une représentation théâtrale; le nom d'Agar figurait sur l'affiche. C'est dans les halles qu'avait lieu le spectacle.

On entrait en juillet, et la représentation était affichée pour sept heures, c'est-à-dire qu'elle se donnait en plein jour... Je ne manquai pas d'aller le voir aussi, ce spectacle; je voulais surtout le chercher dans la salle : elle était comble dès six heures.

Gens de la ville et paysans avec leurs paniers posés à terre entre leurs gros souliers, s'asseyant pêle-mêle sur les bancs de bois qui composaient tout le mobilier de la salle des halles. Il n'y avait qu'un prix d'entrée : un franc cinquante à toutes les places. Je jaugeai d'abord la recette; elle atteignait bien dans les six cents francs, — déjà un chiffre, car on eût pu ne pas faire cent sous sans le nom d'Agar.

On expédia quelques broutilles, un proverbe ennuyeux ; puis Agar fit son entrée, vêtue d'une longue tunique blanche, et déclama les imprécations de Camille. Elle était encore belle, très sculpturale, mais un peu marquée pour le rôle, surtout dans la grange où le recul de l'optique n'est pas possible. Elle n'en fut pas moins saluée par un tonnerre d'applaudissements. Mais je vis que tout le monde ne comprenait pas. Les paysans, qui ne connaissaient pas les Horaces, ne voyaient pas très bien de quoi il s'agissait.

Agar sentait tout cela, car aussitôt après, elle prit un livre pour se donner une contenance, pour bien indiquer qu'elle allait lire quelque chose, et, d'une voix sourde d'abord, puis vibrante comme un clairon, graduée à merveille avec un art infini des nuances, elle récita le petit poème de François Coppée, qui s'appelle la Bénédiction.

Ah ! quand elle eut dit seulement vingt vers et exposé le sujet, la salle changea du tout au tout.

Gens de la ville et des villages, tous, dardaient des yeux perçants sur la tête expressive d'Agar, sur ses lèvres d'où sortaient la musique des vers et la pensée du drame.

L'arrivée des soldats français devant l'église de Saragosse, l'apparition du prêtre, le Saint Sacrement, tout cela prenait dans sa bouche une envergure épique. Enfin, après avoir fait passer sur cette foule le frisson du beau dans tout ce qu'il a de superbe et de pur, la tragédienne ricana le vers final de la fusillade :

Amen, dit un tambour en éclatant de rire.

Décrire les trépignements, les cris d'admiration, les bravos sans fin qui accueillirent ce jour-là Melpomène en tournée, est bien impossible. C'était du délire, de l'extase, et devant quoi ? Devant une centaine de vers.

C'est-y beau, c'est-y beau ! disaient les paysans.

Et les yeux pleuraient, et il y en avait des jeunes aussi qui essuyaient une larme. Et moi, dans mon coin, j'en faisais autant, secoué pour la centième fois par ce morceau vibrant et pour la première fois par un pareil spectacle : l'art domptant les masses qui passent cependant pour rebelles.

C'était une grande artiste que celle qui vient de mourir, une des vraies artistes de ce temps, que les hasards de sa vie agitée firent mieux connaître et rendirent plus populaire que beaucoup d'autres. Elle vient de mourir pauvre, presque dans la misère; n'est-ce pas là le sort des véritables artistes (1) ?...

Qu'y a-t-il à ajouter pour justifier la proposition faite d'élever un monument consacrant le souvenir d'une pareille artiste ?

N'est-ce pas un encouragement pour tous que de rappeler le caractère si dévoué, le talent si imposant d'une femme qu'on peut justement proposer comme modèle aux générations de l'avenir ?

EUGÈNE MONNIER
Architecte.
S. C.

---

1. Jean Hicks.

PARIS. — IMPRIMERIE CHAIX, 20, RUE BERGÈRE. — 21426-9-91.

PARIS. — IMPRIMERIE CHAIX, 20, RUE BERGÈRE. — 21428-9-91.

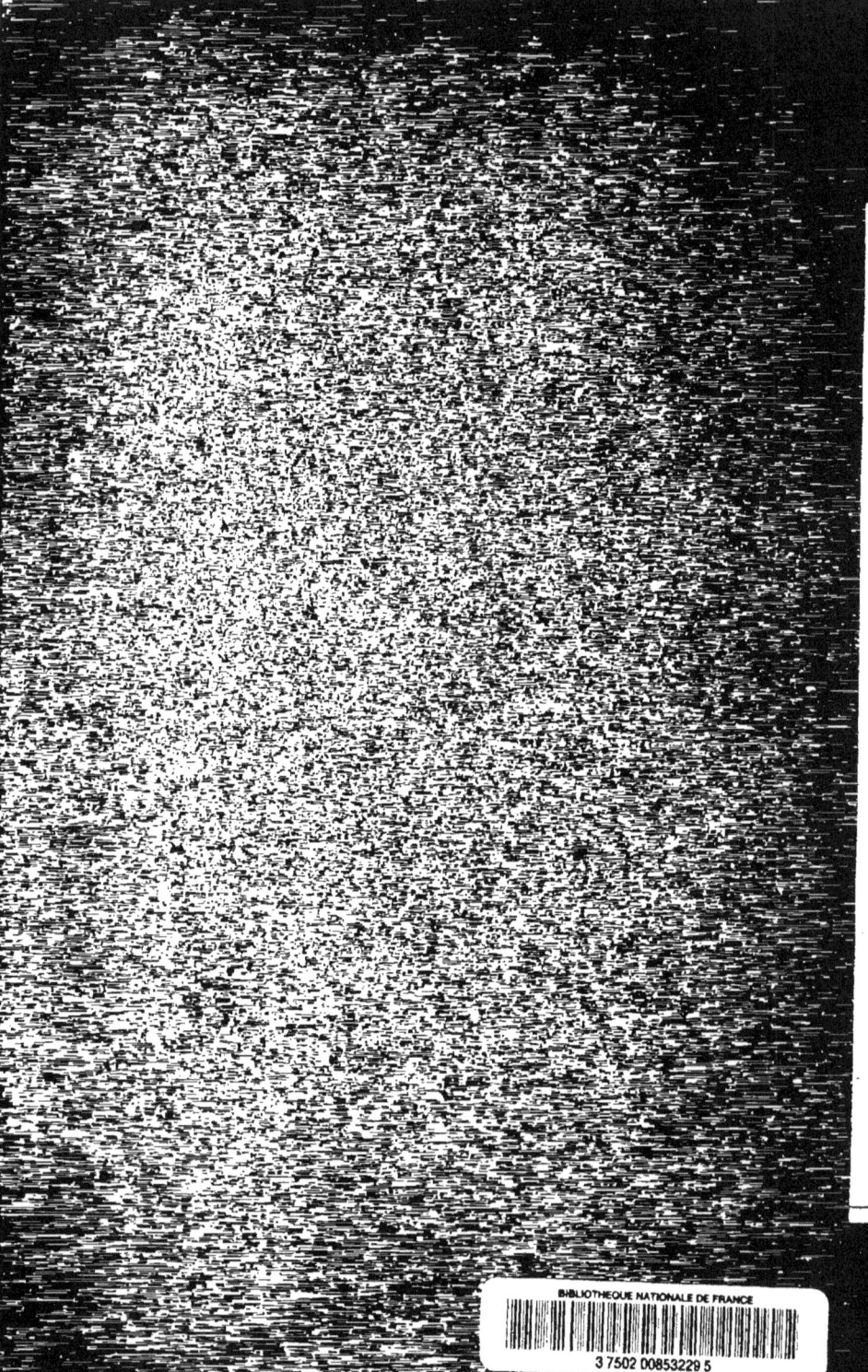

www.ingramcontent.com/pod-product-compliance
Lightning Source LLC
Chambersburg PA
CBHW060915050426
42453CB00010B/1734